CAFE MENU
RECIPE
STANDARD

CAFE MENU

한국커피협회에서 알려주는 카페 메뉴 스탠다드 레시피

RECIPE STANDARD

(사)한국커피협회 지음

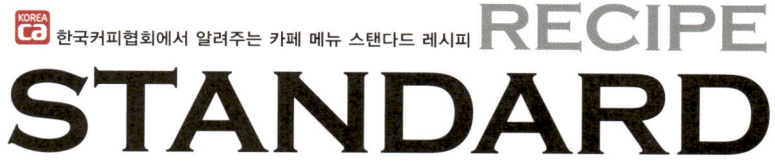

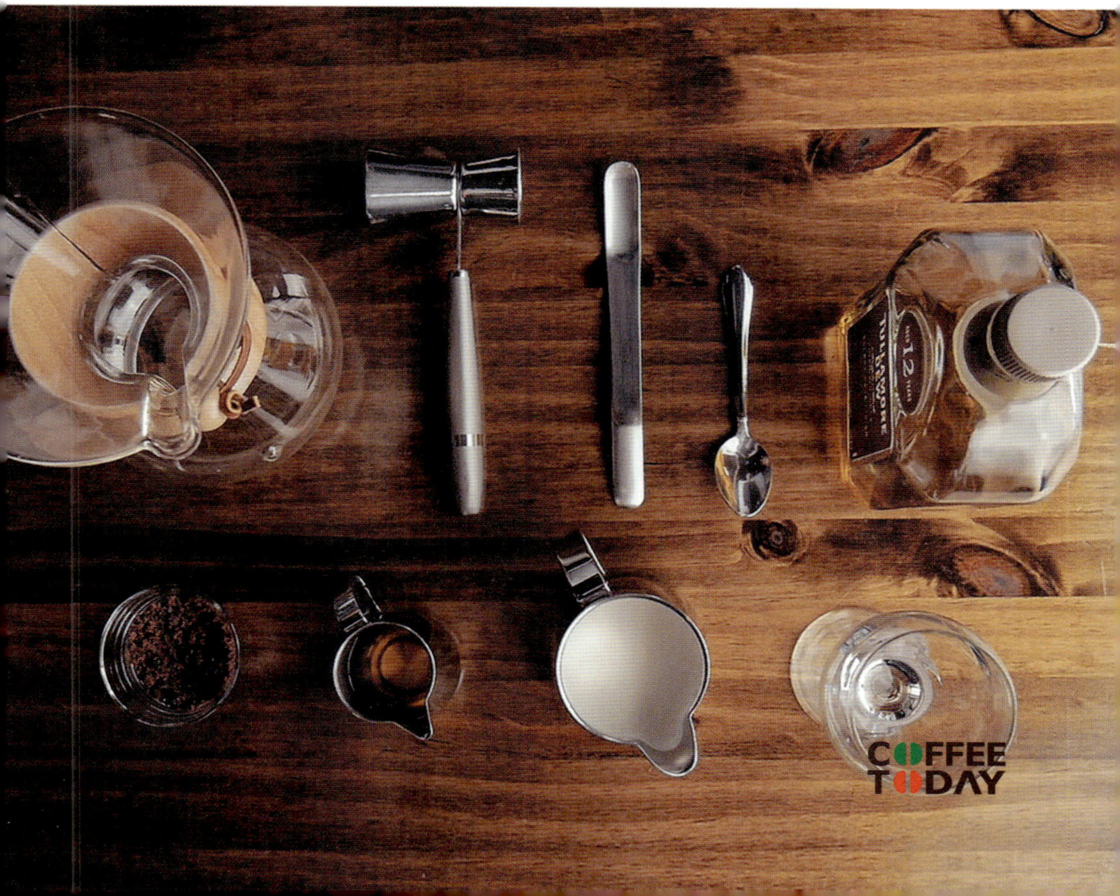

COFFEE TODAY

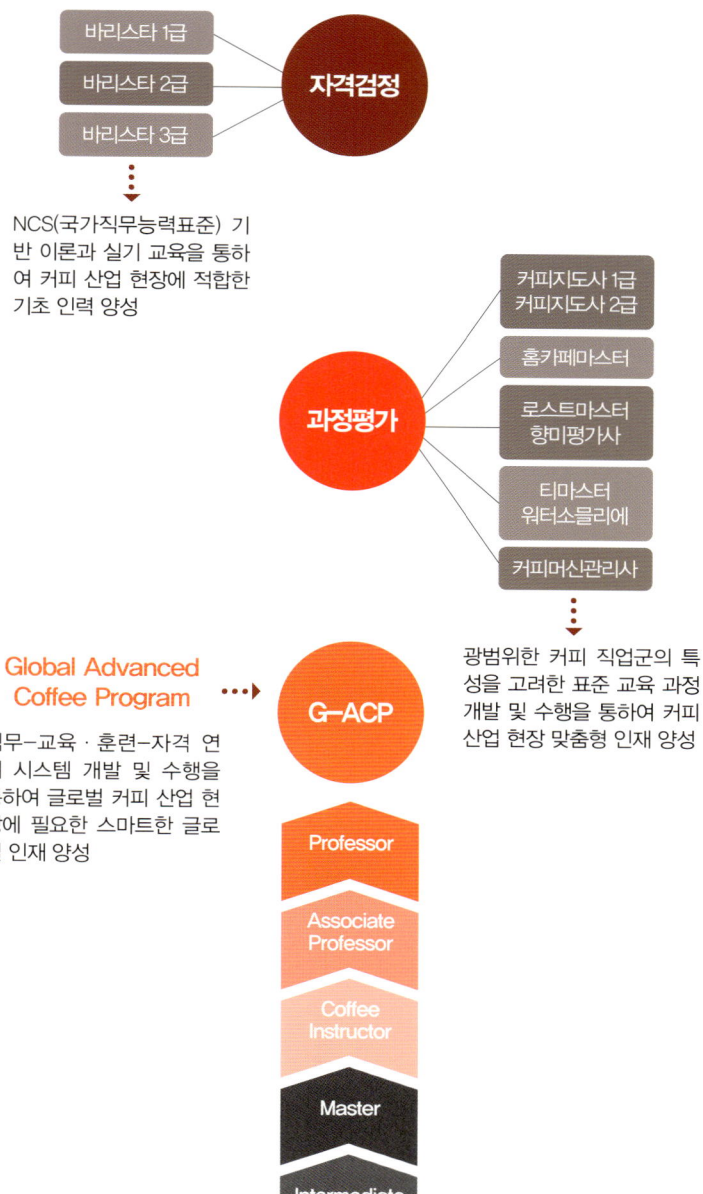

CONTENTS

K-COFFEE · 005

스탠다드 레시피를 위한 도구 · 008

CHAPTER 1. COFFEE
커피

에스프레소 마끼아또 Espresso Macchiato · 012

에스프레소 콘파냐 Espresso Con Panna · 014

아메리카노 Americano · 016

아이스 아메리카노 Iced Americano · 018

카페라떼 Caffe Latte · 020

아이스 카페라떼 Iced Caffe Latte · 022

카푸치노 Cappuccino · 024

아이스 카푸치노 Iced Cappuccino · 026

바닐라라떼 Vanilla Latte · 028

아이스 바닐라라떼 Iced Vanilla Latte · 030

카페모카 Caffe Mocha · 032

아이스 카페모카 Iced Caffe Mocha · 034

캐러멜 마끼아또 Caramel Macchiato · 036

아이스 캐러멜 마끼아또 Iced Caramel Macchiato · 038

칼럼 라떼아트 정경우 바리스타 · 040

라떼아트 시연 하트, 삼단 튤립, 로제타 · 042

인터뷰 정경우 바리스타 · 045

시그니처 디자인 1 · 046

시그니처 디자인 2 · 048

모카치노 Mochaccino · 050

둘둘둘 Two Two Two · 052

플랫화이트 Flat White · 054

썸머라떼 Summer Latte · 056

카페 비엔나 Caffe Vienna · 058

샤케라또 Shakerrato · 060

아포가토 Affogato · 062

칼럼 에스프레소 김진규 바리스타 · 064

CHAPTER 2. Non Coffee
논커피

그린티라떼 Green Tea Latte · 070

아이스 그린티라떼 Iced Green Tea Latte · 072

핫 초콜릿 Hot Chocolate · 074

아이스 초콜릿 Iced Chocolate · 076

인터뷰 박근하 바리스타 · 079

시그니처 레시피 박근하 바리스타 · 080

CHAPTER 3. Smoothie&Frappe
스무디&프라페

플레인 요거트 스무디 Plain Yogurt Smoothie · 084

블루베리 요거트 스무디 Blueberry Yogurt Smoothie · 086

스트로베리 요거트 스무디 Strawberry Yogurt Smoothie · 088

스트로베리 스무디 Strawberry Smoothie · 090

망고 스무디 Mango Smoothie • 092 🎬

블루베리 스무디 Blueberry Smoothie • 094

그린티 프라페 Green Tea Frappe • 096

피스타치오 아몬드 프라페 Pistachio Almond Frappe • 098

체리베리 프라페 Cherry Very Frappe • 100

쿠키앤크림 프라페 Cookie'n Cream Frappe • 102 🎬

모카 프라페 Mocha Frappe • 104

칼럼 월드바리스타챔피언십 방준배 바리스타 • 106

인터뷰 이종훈 바리스타 • 110

시그니처 레시피 이종훈 바리스타 • 111

Chapter 4. Ade&Juice
에이드&주스

레모네이드 Lemonade • 114 🎬

블루 레모네이드 Blue Lemonade • 116

핑크 레모네이드 Pink Lemonade • 117

오렌지에이드 Orange Ade • 118

자몽에이드 Grapefruit Ade • 120 🎬

청포도에이드 Green Grape Ade • 122

오렌지 주스 Orange Juice • 124

키위 주스 Kiwi Juice • 126

스트로베리 주스 Strawberry Juice • 128

바나나 주스 Banana Juice • 130

바나나키위 주스 Banana Kiwi Juice • 132

레몬티&자몽티 Lemon Tea & Grapefruit Tea • 134

인터뷰 현상무 바리스타 • 137

시그니처 레시피 현상무 바리스타 • 138

Chapter 5. Alcoholic beverage
알코올 음료

아이리시 커피 Irish Coffee • 142 🎬

라임 모히토 Lime Mojito • 144 🎬

와인에이드 Wine Ade • 146 🎬

라즈베리 상그리아 Raspberry Sangria • 148

인터뷰 김영진 바리스타 • 151

시그니처 레시피 김영진 바리스타 • 152

인터뷰 신창호 바리스타 • 155

시그니처 레시피 신창호 바리스타 • 156

🎬 표시된 메뉴는 유튜브 영상으로도 레시피를 보실 수 있습니다. 해당 페이지에 삽입된 QR코드를 이용하시거나 유튜브 검색창에 "카페 메뉴 스탠다드 레시피"를 검색하세요.

스탠다드 레시피를 위한 도구

1 샷 글라스 : 양을 측정할 수 있는 눈금이 새겨져 있는 글라스로 에스프레소를 추출할 때 사용한다.

2 스테인리스 샷 잔 : 손잡이가 달려 있어 편리하게 사용할 수 있는 잔으로, 카페에서 에스프레소를 추출할 때 주로 사용한다.

3 쉐이커 : 재료를 흔들어 혼합하거나 거품을 낼 때 사용한다.

4 머들러 : 재료를 으깨거나 섞는 데 사용하는 기구로 주로 칵테일을 만들 때 사용한다.

5 청소솔 : 에스프레소 머신의 그룹헤드 안쪽 부분을 청소할 때 주로 사용한다. 예전에는 막대형 청소솔이 대부분이었지만 지금은 헤드 모양에 맞게 원형으로 된 것도 있어 좀 더 쉽게 청소할 수 있다.

6 머신 클리너 : 커피 머신의 커피 잔류물들을 청소할 때 사용하는 세정제이다. 주기적으로 머신클리너를 사용하여 그룹헤드와 포타필터 등을 청소해준다.

7 드리즐/소스/시럽 용기 : 소스나 시럽 등을 덜어 사용하거나 커피 위에 드리즐할 때 사용한다.

8 과일 필러 : 레몬이나 오렌지의 껍질을 얇게 벗겨낼 때 사용한다.

9 아이스크림 스쿱 : 아이스크림을 둥근 모양으로 떠내는 데 쓰인다.

10 얼음 스쿱 : 얼음을 퍼낼 때 사용한다.

11 밀크피쳐 : 우유를 데울 때 사용한다.

12 파우더 통 : 초코파우더나 시나몬파우더 등을 담아 토핑할 때 주로 사용한다.

13 바 스푼 : 소스나 시럽, 파우더 등을 액체류와 섞을 때 주로 사용한다.

14 집게 : 얼음을 집거나 과일 슬라이스 또는 허브 등의 가니쉬 장식을 할 때 사용한다.

15 스퀴저 : 레몬이나 오렌지, 자몽 등의 과즙을 추출할 때 주로 사용한다.

16 계량컵 : 양을 잴 수 있는 눈금이 새겨져 있어 주로 물이나 우유 등의 액상 재료의 용량을 잴 때 사용한다.

17 블렌더 : 여러 재료들을 분쇄 또는 혼합하는 데 사용한다.

18 콜드브루어 : 차가운 물로 커피를 추출할 때 사용하는 기구이다.

19 휘핑기 : 액상 크림을 볼륨 있는 크림으로 만들어주는 기구로 음료 위에 크림을 토핑할 때 사용한다.

20. 소스 믹스 용기 : 소스나 시럽, 파우더 등의 재료를 섞을 때 주로 사용한다.

21 지거 : 주로 칵테일을 만들 때 알콜이나 시럽의 용량을 재기 위해 쓰인다.

22 프렌치프레스 : 커피를 추출하는 추출 기구 중 하나이지만, 이 기구를 이용해 집에서도 곱고 부드러운 우유거품을 만들어 카푸치노와 같은 음료를 즐길 수 있다.

23 포밍 스푼 : 우유거품을 떠낼 때 사용한다.

24 블라인드 바스켓 : 에스프레소 머신의 그룹헤드 안쪽 부분을 청소할 때 포타필터에 끼워 사용한다. 금속과 실리콘 두 가지 재질의 바스켓이 있다

25 탬퍼 : 포타필터 바스켓 안에 커피가루를 눌러주는 도구이다.

COFFEE

Espresso Macchiato

● 에스프레소 마끼아또

재료(3oz 기준)
에스프레소 30ml 1샷
스팀우유와 우유거품 약간

1 준비한 데미타세잔에 바로 에스프레소를 추출한다.
2 스팀우유를 조금 넣어주고 크레마 띠를 유지하며
  우유거품을 올려준다.

Tip
'마끼아또'는 이태리어로 '반점이 있는'이라는 뜻을 지니고 있다.

Espresso Con Panna

● 에스프레소 콘파냐

재료(3oz 기준)
에스프레소 30ml 1샷
휘핑크림 약간

1 준비한 데미타세잔에 바로 에스프레소를 추출한다.
2 휘핑크림을 올려준다.

Tip
'콘파냐'는 이탈리아어로 "생크림과 함께"라는 뜻이다. '~과 함께'라는 뜻을 가진 'con'과 '생크림'을 뜻하는 'panna'가 결합된 단어이다.

Americano

● 아메리카노

재료(12oz 기준)
에스프레소 30ml 1샷
뜨거운 물 200g

1 준비한 잔에 뜨거운 물을 넣는다.
2 추출한 에스프레소를 부어준다.

Tip
만드는 순서는 바뀌어도 상관없다. 먼저 에스프레소를 넣고 뜨거운 물을 부어도 무방하다.

Iced Americano

● 아이스 아메리카노

재료(14oz 기준)
에스프레소 30ml 2샷
차가운 물 150g
얼음 150g(8-10개)

1 준비한 잔에 얼음을 담고 차가운 물을 넣는다.
2 추출한 에스프레소를 넣는다.

Tip
준비한 잔에 에스프레소를 넣고 차가운 물, 얼음 순으로 만드는 순서를 달리해도 무방하다.

Caffe Latte

● 카페라떼

재료(8oz 기준)
에스프레소 30ml 1샷
스팀우유 180g

1 준비한 잔에 추출한 에스프레소를 담는다.
2 스티밍한 우유를 부어준다.
3 잔을 채워 완성한다.

Tip
우유거품으로 다양한 모양의 라떼아트를 만들어 음료를 즐길 수 있다.

Iced Caffe Latte

● 아이스 카페라떼

재료(14oz 기준)
에스프레소 30ml 2샷
우유 150g
얼음 150g(8-10개)

1 준비한 잔에 얼음을 담고 우유를 넣는다.
2 추출한 에스프레소를 부어준다.

Tip
우유, 에스프레소, 얼음 순으로 만드는 순서를 달리해도 무방하다.

Cappuccino

● 카푸치노

재료(8oz 기준)
에스프레소 30ml 1샷
스팀우유 150g
우유거품

1 잔에 에스프레소를 추출하여 준비한다.
2 스티밍하여 우유거품을 만들고 푸어링하여 부어준다.

Tip
카푸치노는 스팀밀크와 우유거품, 에스프레소가 잘 뒤섞여 부드러운 거품을 즐길 수 있는 웨트 카푸치노(Wet Cappuccino)와 우유거품을 따로 얹어 풍성한 거품을 강조한 드라이 카푸치노(Dry Cappuccino)로 나뉘며, 각각의 질감에 따라 다른 매력을 느낄 수 있다. 기호에 따라 시나몬파우더 또는 초코파우더를 뿌려 마실 수 있다.

Iced Cappuccino

● 아이스 카푸치노

재료(14oz 기준)
에스프레소 30ml 2샷
우유 130g
얼음 150g(8-10개)
우유거품

1 준비한 잔에 얼음을 담고 차가운 우유를 넣는다.

2 추출한 에스프레소를 부어준다.

3 저온 스티밍하여 거품을 만들고, 스푼을 이용하여 거품을 올려준다.

Tip
차가운 거품은 프렌치프레스 또는 밀크포머를 이용하여 만들 수 있다.

Vanilla Latte

● 바닐라 라떼

재료(8oz 기준)
에스프레소 30ml 1샷
바닐라시럽 20g
스팀우유 180g

1 추출한 에스프레소가 담긴 잔에 바닐라시럽을 넣어준다.
2 스티밍한 우유를 부어 완성한다.

Tip
시럽이 들어간 라떼 음료는 바닐라시럽 외에 헤이즐넛, 아몬드, 메이플, 캐러멜 등 여러 가지 시럽을 활용하여 다양한 라떼를 만들어 즐길 수 있다.

Iced Vanilla Latte

● 아이스 바닐라 라떼

재료(14oz 기준)
에스프레소 30ml 2샷
바닐라시럽 20g
우유 150g
얼음 150g(8-10개)

1 준비한 잔에 얼음과 차가운 우유를 담는다.
2 얼음과 우유가 담긴 잔에 추출한 에스프레소와 바닐라시럽을 부어 완성한다.

Tip
따뜻한 바닐라 라떼와 마찬가지로 다양한 시럽을 이용하여 아이스 메뉴를 만들 수 있다.

Caffe Mocha

● 카페모카

재료(12oz 기준)
에스프레소 30ml 2샷
초코소스 30g
스팀우유 180g
휘핑크림 적당량
초코파우더 약간

1 준비한 잔에 초코소스와 추출한 에스프레소를 넣어 잘 섞어준다.

2 스티밍한 우유를 부어준다.

3 휘핑크림을 올리고 초코파우더를 뿌려 완성한다.

Tip
초코소스에 소량의 헤이즐넛시럽을 섞어주면 견과류의 풍미가 더해진 색다른 카페모카를 만들 수 있다. 단, 헤이즐넛시럽의 비율이 많아지면 느끼해질 수 있으니 주의해야 한다.

Iced Caffe Mocha

● 아이스 카페모카

재료(14oz 기준)
에스프레소 30ml 2샷
초코소스 35g
우유 150g
얼음 150g(8-10개)
휘핑크림 약간
초코소스 약간

1. 계량컵에 초코소스를 담고 추출한 에스프레소를 넣어 잘 섞어준다.
2. 준비한 잔에 얼음을 담고 우유를 부어준다.
3. 얼음과 우유를 담은 잔에 1을 부은 뒤 잘 섞어준다.
4. 휘핑크림을 얹고 초코소스를 토핑하여 완성한다.

Tip
휘핑크림 대신 우유거품을 얹어주어도 좋고, 초코소스 대신 초코파우더를 뿌려주어도 좋다.

Caramel Macchiato

● 캐러멜 마끼아또

재료(12oz 기준)
에스프레소 30ml 2샷
캐러멜소스 20g
바닐라시럽 10g
스팀우유 180g
우유거품 약간
캐러멜소스 약간

1 캐러멜소스와 바닐라시럽이 담긴 볼에 추출한 에스프레소를 넣고 잘 섞어준다.

2 준비한 잔에 먼저 스티밍한 우유와 우유거품을 부어준다.

3 스팀우유가 담긴 잔 중앙에 1의 에스프레소 베이스를 천천히 부어준다.

4 캐러멜소스를 뿌려주어 완성한다.

Tip
캐러멜소스나 시럽만으로도 맛있는 캐러멜 마끼아또를 완성할 수 있다. 여기에서는 바닐라시럽을 적당량 섞어 풍미를 더하고 캐러멜의 느끼함을 잡아주어 깔끔하고 달콤한 음료로 만들었다.

Iced Caramel Macchiato

● 아이스 캐러멜 마끼아또

재료(14oz 기준)
에스프레소 30ml 2샷
캐러멜소스 25g
바닐라시럽 10g
우유 150g
얼음 150g(8-10개)
우유거품 약간
캐러멜소스 약간

1 캐러멜소스와 바닐라시럽이 담긴 볼에 추출한 에스프레소를 넣고 잘 섞어준다.

2 준비한 컵에 얼음을 담고 우유를 부어준다.

3 얼음과 우유가 담긴 잔에 소스와 시럽을 섞은 에스프레소를 부어준다.

4 저온스티밍으로 거품을 만들어 음료 위에 우유거품을 얹어준다.

5 캐러멜소스를 뿌려 완성한다.

Tip
· 기호에 따라 휘핑크림을 얹어도 좋다.
· 차가운 우유거품은 프렌치프레스 또는 밀크포머를 이용하여 만들 수 있다.

Column • 칼럼

글 | 정경우 바리스타

라떼아트란?

'라떼(Latte)'는 이태리어로 우유를 뜻하고 '아트(Art)'는 아름다움을 표현하는 인간의 모든 활동을 포함하는 예술을 뜻한다. 두 단어의 조합으로 만들어진 합성어 라떼아트는 우유를 이용하여 잔 안에 이미지를 만들어내는 예술품을 뜻한다. 라떼아트는 음료를 만드는 바리스타에게는 만드는 즐거움을, 음료를 제공받는 소비자에게는 시각적 즐거움을 선사한다.

라떼아트를 만들기 전에 반드시 알아야 할 것은 우유가 가지고 있는 컬러(Color)이다. 우유가 가진 흰색 하나만으로는 시각적인 자극을 만들어내는 데 부족함이 따른다. 그러므로 흰색과 대비되는 모든 컬러의 재료를 조합하여 '라떼아트'로 만들어내는 것이다.

라떼아트의 구성

라떼아트를 만드는 방법은 크게 두 가지로 분류된다. 첫 번째는 만들어진 음료의 표면에 핀이나 도구를 사용하여 그림을 만들어나가는 '에칭' 방법. 두 번째는 스팀피처로 음료를 만드는 과정에 우유를 부어서 무늬를 만들어내는 '푸어링' 방법으로 나뉜다. 이 두 가지 방법을 이용하여 다양한 형태의 패턴과 무늬가 만들어지며 바리스타의 숙련도와 연습량에 따라 같은 형태의 디자인도 다른 느낌을 줄 수 있다.

에스프레소+스팀밀크

먼저 라떼아트를 연습하기 전, 스팀밀크에 작용하는 에스프레소의 점성, 색상에 대해 이해해보자. 원두의 상태, 분쇄도, 추출 시간, 추출량 등 다양한 조건에 따라 에스프레소의 점성은 바뀔 수 있으며, 라떼아트를 하기 전 가장 먼저 집중해야 할 중요한 부분이다. 점성의 높고 낮음은 스팀밀크의 공기 주입량을 결정하는 데 좋은 지표가 되어준다. 높은 점성의 에스프레소는 폼(Foam) 비율이 낮은 스팀밀크로, 낮은 점성의 에스프레소는 폼 비율이 높은 스팀밀크로 진행한다. 또한 에스프레소의 색상은 흰색과 얼마나 명확하게 대비되는가에 따라 디자인의 부각과 시각적 자극에 영향을 준다. 에스프레소의 컬러가 짙을수록 명암이 극대화되고 디자인의 선명도가 높아지는 효과를 얻을 수 있다.

믹스

에스프레소와 스팀밀크가 만나는 순간부터 그림이 표면에 띄워지는 순간 전까지의 단계를 에스프레소와 스팀밀크의 믹스 과정이라고 한다. 그림을 띄우기 위해서는 반드시 밀크 폼을 잡아줄 표면에 힘이 필요한데, 믹스 과정에서 공기를 가지고 있는 폼이 에스프레소와 만나 폼이 띄워질 표면에 저항을 만들어 주는 역할을 한다.

그림 띄우기

믹스 후 그림을 띄우기 위해서는 믹스가 종료된 이후 스팀밀크가 푸어링되는 피처의 높이를 표면에 가장 가깝게 만들어주어야 한다. 공기층이 많은 양의 스팀밀크로 푸어링 시 높은 위치임에도 표면에 띄워지는 현상이 나타나지만 패턴이 뭉치고 명암이 떨어져 아름답지 않은 라떼아트가 만들어진다. 이와 같이 패턴을 띄우기 위한 표면과 피처 높낮이는 라떼아트의 구성하는 가장 기본 스킬이며 갈색과 흰색의 명암 대비를 결정짓는 중요한 역할을 하고 있다.

라떼아트 시연

Design 1. 하트

1 기울기에 맞춰 잔의 50%까지 믹스를 진행한다.
2 시작점에 맞춰 표면에 붙여준 후 스팀밀크가 뻗어나갈 수 있는 유속을 만들어준다.
3 스팀밀크가 흘러가는 동시에 핸들링을 시작한다.
4 잔의 90% 정도까지 진행되었을 때 핸들링을 멈추고 잔을 천천히 세워준다.
5 잔이 거의 채워질 때 잔을 피처를 상승하며 가운데 선을 그어준다.

Design 2. 삼단 튤립

1 기울기에 맞춰 잔의 50%까지 믹스를 진행한다.
2 시작점에 맞춰 표면에 붙여준 후 스팀밀크가 뻗어나갈 수 있는 유속을 만들어준다.
3 스팀밀크가 흘러가는 동시에 핸들링을 시작한다.
4 잔의 90% 정도까지 진행되었을 때 핸들링을 멈추고 잔을 천천히 세워준다.

Design 3. 로제타

1 50%까지 믹스 진행 후 시작 포인트에 맞춰 유속을 만들어준다.
2 핸들링이 진행되면 제자리에서 흔들어준다.
3 작은 원형이 만들어지면 뒤로 빠지면서 핸들링을 진행한다.
4 핸들링이 종료되는 시점에서 자연스럽게 상승하며 중앙선은 그어준다.

Latte Art

INTERVIEW

정경우 바리스타

Award winning career 2015년 월드라떼아트챔피언십 3위 · 2015년 월드바리스타챔피언십 국가대표 선발전 바리스타 부문 8위 · 2015년 월드바리스타챔피언십 국가대표 선발전 라떼아트 부문 1위 · 2013년 월드라떼아트 챔피언십 2위 · 2013년 월드바리스타챔피언십 국가대표 선발전 라떼아트 부문 1위 · 010년 한국라떼아트챔피언십 1위

Contact
코리아 커피 벨트(Corea Coffee Belt)
blog : blog.naver.com/kwoo05

라떼아트를 시작하게 된 계기는 무엇인가요?

커피를 제대로 해야겠다는 마음가짐을 가지고 집중하게 된 계기가 라떼아트예요. 음료에서 표현되는 아름다움이 큰 메리트로 다가왔고, 나도 아름다운 음료를 만들어야겠다는 생각으로 라떼아트를 연습하기 시작했습니다.

2015년 월드라떼아트챔피어십에서 선보인 라떼아트 디자인에 대해 소개해주세요.

세계대회에 두 번째로 도전하게 되면서 다른 바리스타에게서 나올 수 없는 창의성을 보여줘야 했습니다. 매장에서 손님들이 라떼아트를 서비스 받으면, 같이 방문한 일행과 같이 라떼아트를 보기 위해 잔을 이리저리 돌리는 모습을 보게 되는데, 이런 부분을 생각하여 잔을 돌리지 않고 서로 다른 디자인을 감상할 수 있게 만든 디자인을 선보였습니다.

라떼아트를 할 때 가장 중요하게 생각하는 점은 무엇인가요?

무엇보다 우유의 컬러인 흰색과 에스프레소의 컬러인 갈색의 대비가 보다 명확하게 이루어져 디자인의 명암이 뚜렷하게 나타나야 한다고 생각합니다.

최근 우리나라에서 라떼아트가 굉장히 핫한 것 같습니다. 다양한 매체에서 여러 대회들이 개최되고 있죠. 대회에 도전하는 이들에게 해주고 싶은 말이 있다면요?

대회가 많이 만들어질수록 라떼아트를 즐기는 바리스타의 실력 또한 상승되리라 생각합니다. 핫한 만큼 라떼아트를 잘하는 바리스타 또한 많아졌습니다. 다양한 개성의 라떼아트 디자인 또한 늘어가고 있고요. 대회마다 원하는 스타일이 있는데, 이 부분에 중점을 두어 연습한다면 좋은 결과가 있으리라 생각합니다.

카페에서 메뉴를 만들 때 선호하는 부재료가 있나요?

원재료의 특성을 살릴 수 있도록 프레시한 향이 가미된 재료를 선호합니다. 고유의 향이 음료와 잘 어우러질 수 있도록 우수한 상태의 과일 등 신선한 재료를 사용하는 것을 염두에 두고 있습니다.

카페 창업을 원하시는 분들께 조언해주세요.

매장을 오픈하기 전에 소비자가 원하는 맛과 멋을 느낄 수 있고, 트렌드를 주도해나갈 수 있는 공간을 연출해야 한다는 말씀을 드리고 싶습니다.

Signature Design 1 • 시그니처 디자인 1

잔 LOVERAMICS Egg Caffe latte
우유 Cold 250g/Steamed 340g

1 잔을 손잡이가 오른쪽에 위치하게 잡은 다음 잔을
  기울인 상태에서 잔의 40%까지 믹싱을 진행한다.
2 시작 지점에 맞춰 스팀밀크를 붓는 동시에 당겨주며
  로제타를 만든다.
3 첫 번째 로제타가 만들어지면 반대쪽에 조금 더 긴
  두 번째 로제타를 만든다.
4 두 로제타 아랫부분에 선을 그어주듯이 붓는다.
5 선 아랫부분에 우유거품을 살짝 얹듯이 부어
  포도송이를 만든다.
6 에칭 핀으로 줄기 부분을 표현하는 선을 만들어준다.

Tip
· 드로우 작업 시 선의 길이가 너무 길거나 길거나 짧지 않게 한다. 선의 길이가
  길면 포도송이의 부피가 넓어지고 선의 길이가 짧으면 좁은 모양의 포토송이가
  만들어진다.
· 줄기 부분을 에칭 핀으로 선을 그을 때는 폼을 묻힌 핀의 면적을 잘 이용하도록
  한다. 핀의 깊이를 조절하지 못하면 선이 끊어지게 된다.

Signature Design 2 ● 시그니처 디자인 2

잔 LOVERAMICS Egg Caffe latte
우유 Cold 250g/Steamed 340g

1 잔을 손잡이가 오른쪽에 위치하게 잡은 다음 잔을
  기울인 상태에서 잔의 40%까지 믹싱을 진행한다.

2 시작점에 맞춰 첫 번째 날개와 반대쪽에 두 번째
  날개를 그린다.

3 잔의 하단 부분에 받침처럼 로제타를 만들고, 양쪽
  끝이 마주 닿을 수 있도록 곡선으로 그려준다.

4 상단의 날개가 만나는 교차점에 짧은 로제타 패턴을
  그려준다.

5 스푼을 이용하여 둥근 모양으로 점을 찍어준 후 에칭
  핀으로 곡선을 그리며 바람개비 모양을 만든다.

6 색소를 사용하여 부리를 만들고. 패턴의 공간 안으로
  독수리의 눈을 날카롭게 만들어 마무리한다.

Tip
· 에칭이 들어가는 시간이 긴 패턴의 경우 전체 작업 시간이 짧을수록 핀 작업이
  편리하다. 시간이 길수록 표면은 응고되고 핀에 의한 표면 마크 작업이 힘들어질
  수 있다.
· 색소 사용 시 물의 희석 비율을 최소치로 잡는다. 물이 많이 들어간 색소의 경우
  표면에 마크될 시 기포가 발생할 확률이 크다. 또한 희석된 색소는 스팀밀크와
  혼합하여 사용하도록 한다.

Mochaccino

● 모카치노

재료(8oz 기준)
에스프레소 30ml 1샷
초코소스 20g
스팀우유 150g
우유거품 적당량
초코파우더 약간

1 준비한 잔에 초코소스를 담고 추출한 에스프레소를 부어 잘 혼합한다.

2 스티밍한 우유와 우유거품을 부어준다.

3 푸어링을 하여 잔을 채워준다.

Tip
카푸치노에서 변형된 음료로 캐러멜소스나 다양한 소스, 시럽으로 여러 가지 음료를 만들 수 있다.

Two Two Two

● 둘둘둘

재료(8oz 기준)
에스프레소 30ml 1샷
연유 10g
스팀우유 100g
생크림 50g

1 피처에 우유, 생크림, 연유를 함께 넣고 스티밍한다.

2 에스프레소에 스티밍한 우유+생크림+연유를 부어준다.

3 푸어링하여 잔을 채워 완성한다. 우유거품을 올려 마무리해도 좋다.

Tip
인스턴트 믹스커피의 맛을 100% 맛볼 수 있는 진하고 달콤한 커피이다.

Flat White

● 플랫화이트

재료(8oz 기준)
에스프레소 30ml 2샷
스팀우유 160g

1 준비한 잔에 추출한 에스프레소를 담는다.
2 스티밍한 우유를 부어 완성한다.

Tip

플랫화이트는 카페라떼보다 거품 층이 얇은 것이 특징이다. 커피의 진함과 우유의 고소함을 즐기는 커피로 주로 호주, 뉴질랜드에서 즐겨 마시는 커피였지만 지금은 전 세계에서 널리 즐겨 마시는 메뉴로 자리 잡고 있다.

Summer Latte

● 썸머라떼

재료(14oz 기준)
에스프레소 30ml 2샷
바닐라아이스크림 2스쿱
우유 150g
얼음 80g(5-6개)
토핑용 초코파우더 약간

1 준비한 잔에 얼음을 담고, 우유를 담는다.

2 바닐라아이스크림 2스쿱을 넣는다.

3 추출한 에스프레소를 천천히 부어준다.

4 초코파우더를 뿌려 마무리한다.

Tip
호주식 아이스 커피이다. 아이스 라떼에 아이스크림이 더해진 형태로 라떼의 고소함과 아이스크림의 달콤함을 동시에 즐길 수 있는 음료이다.

Caffe Vienna

● 카페 비엔나

재료(8oz 기준)
에스프레소 30ml 1샷
물 150g
설탕 약간
휘핑크림 약간

1 준비한 잔에 추출한 에스프레소를 담고 설탕을 넣어 섞어준다.

2 물을 넣는다.

3 휘핑크림을 듬뿍 얹어 마무리한다.

Tip

비엔나 커피의 본래 이름은 '아인슈패너'이다. 과거 오스트리아의 마부들이 마차에서 내리기 힘들어 한 손으로는 고삐를 잡고 다른 한 손으로는 설탕과 생크림을 듬뿍 얹은 커피를 마신 것이 오늘날 비엔나 커피의 시초가 되었다. 지금은 비엔나 카푸치노라는 형태로 물 대신 스팀밀크와 휘핑크림을 얹은 커피로 마시기도 한다.

Shakerrato

● 샤케라또

재료(6oz 기준)
에스프레소 30ml 2샷
설탕시럽 20g
얼음 150g(8-10개)

1 셰이커에 얼음을 담는다.
2 추출한 에스프레소를 넣는다.
3 설탕시럽을 넣는다.
4 충분히 셰이크한다.
5 준비한 잔에 셰이커 안의 잘 만들어진 커피와 거품을 담아 완성한다.

Tip
· 셰이커를 위아래로 잘 흔들어줄수록 풍성한 거품을 만들 수 있다.
· 설탕시럽 대신 기호에 맞는 여러 가지 시럽을 이용해도 좋다.

Affogato

● 아포가토

재료
에스프레소 30ml 1샷
바닐라아이스크림 1스쿱

1 준비한 잔에 바닐라아이스크림을 담는다.
2 추출한 에스프레소를 부어준다.

Tip
에스프레소는 서빙 시 따로 곁들여 내면 손님이 기호에 맞게 부어가며 먹을 수 있다.

Column • 칼럼

글 | 김진규 바리스타

Profile
중국호굿커피 컨설턴트
웅진식품커피연구소 컨설턴트
인천문예전문학교 커피바리스타학과 석좌교수
코어랩(Core Lab) 소속

Award winning career 2010 BGBC Championship Latte Art 부문 1위 · 2011 World Latte Art Championship 국가대표 선발전 1위 · 2011 World Latte Art Championship Final(4th Place) · 2013 World Barista Championship 국가대표 선발전 1위 · 2013 World Barista Championship Semi Final(8th Place) · 2013 Fushan Cup Internaotinal Barista Championship 1위

에스프레소

에스프레소란 이탈리아 어로 '빠르게'라는 뜻을 지니고 있다. 에스프레소는 커피 음료의 가장 기본이고 시작이라 말할 수 있다. 입안에서 느껴지는 촉감과 향이 다른 커피와는 분명 차이가 있는 복합적인 맛의 매력을 지닌 특별한 존재이다. 그리고 커피 음료에서 가장 화려한 라떼아트에서 에스프레소는 도화지 역할을 하게 된다. 따라서 에스프레소를 잘 이해하고 컨트롤하는 일은 모든 메뉴를 완벽한 한 잔으로 만들기 위한 가장 중요한 일이다.

에스프레소는 주문과 동시에 만들어내는 적은 양의 진한 커피로, 압력을 가하는 추출법을 사용하고 있다. 뜨거운 물이 커피케이크를 약 9bar의 압력으로 통과하여 수용성 성분과 불수용성 성분까지 추출하게 된다. 에스프레소는 기체를 포함한 미세한 크기의 오일 방울들로 이루어진 크레마와 물에 녹아 있는 고형물과 에멀전화된 오일, 부유하는 미세물질 및 기체 방울로 이루어져 있다.

사람들은 맛이 진한 에스프레소일수록 카페인 함량이 높다고 생각한다. 하지만 커피의 카페인 함량은 맛과 농도에 의해 결정되는 것이 아니라 커피를 추출하는 시간에 의해서 결정된다. 커피 추출 시간이 길면 길수록 수용성인 카페인 성분이 물에 녹는 함량이 늘어나기 때문이다. 따라서 추출 시간이 짧을수록 카페인 함량은 줄어들게 된다. 결국 오랫동안 뜨거운 물을 부어가며 커피를 추출해내는 브루잉 방식으로 추출한 커피에 비해 에스프레소는 단시간에 높은 압력으로 추출해내기 때문에 사실상 카페인 함량이 가장 적다.

사람들은 또한 에스프레소가 다른 커피보다 많이 쓰다고 추측한다. 아직까지 우리나라에서는 '에스프레소는 쓴 커피'라는 인식이 강하다. 인생의 쓴맛을 알게 된 30대들은 커피도 진하고 쓰게 마신다는 의미로 "30대, 에스프레소 커피를 마시는 나이"라는 광고가 있었을 정도다. 하지만 에스프레소 커피도 원두의 품종과 원산지, 프로세싱에 따라 과일 향이나 꽃향기가 나는 등 다양한 아로마와 맛을 지니고 있다. 이 다양성에 주목한 개성적인 커피가 나타나고 점차 많은 농장의 커피들이 등장하면서 스페셜티 커피의 확장이 이루어지고 있다.

전통적인 형태의 에스프레소에서 점차 누구나 쉽게 느낄 수 있고 커피가 가지는 캐릭터에 집중하는 형태로 바뀌고 있다. 누구나 즐길 수 있고 오래 먹을 수 있는 에스프레소는 앞으로의 커피 시장에 중요한 형태라고 생각한다.

에스프레소 분석

에스프레소 추출에 사용하는 원두는 여과식이나 침출식 추출에 비해 가늘게 그라인딩한다. 그만큼 물에 닿는 커피 입자의 표면적이 넓어 단시간 내에 다량의 고형성분을 뽑아내기 위해서이다. 여기서 우리는 고형성분에 주목할 필요가 있다. 고형성분은 커피의 맛을 표현하기 위한 성분으로 커피의 농도와 추출 수율에 영향을 미치며 에스프레소의 화학적 성질을 나타내기도 한다.

한 잔의 에스프레소에 담기는 고형 성분의 양은 생두의 종류와 로스팅 포인트, 원두와 물의 사용량과 온도, 커피머신의 압력과 유형에 따라 달라진다. 에스프레소를 좀 더 자세히 분석해본다면 우리는 4가지 성분 형태에 주목해야 한다.

① 용액(Solution) – 두 가지 이상의 물질이 고르게 섞여 있는 혼합물
② 에멀전(Emulsion) – 오일이 미세하게 쪼개져 추출액 속에 분산된 상태
③ 부유(Suspension) – 미립자가 추출액 속에 분산된 상태
④ 미분(Fine) – 원두의 파편

에스프레소가 지닌 특징 중 가장 중요한 것은 바디, 아로마, 애프터 테이스트이다. 그리고 이러한 특징은 에스프레소가 가지는 특징 중 가장 중요한 에멀전에 의해 더욱 풍부한 맛과 향을 갖게 된다. 일반적으로는 지방과 물은 섞일 수 없다고 알고 있지만, 우유에는 우유 용액과 지방이 분리되어 있지 않고 모두 섞여 있는데 이것을 에멀전, 즉 유상화라고 한다. 일반적인 추출 도구들은 중력으로 커피를 추출하지만 에스프레소는 높은 온도의 물과 높은 압력을 이용해서 추출하기 때문에 커피 오일이 커피 용액 속에 섞여 있는 상태가 된다. 연구자들에 의하면 커피에는 2천여 가지의 아로마가 존재하는데, 이 아로마들은 서로 다른 무게를 가지고 있다고 한다. 이 아로마 물질들로 인해 에스프레소를 마실 때는 우유를 마실 때처럼 무거운 촉감을 느끼게 되는데 이것을 에스프레소의 '바디(Body)'라고 부른다.

고압으로 추출된 에스프레소는 다른 방식으로 추출된 커피에 비해 아로마가 강한 편이다. 에스프레소는 커피 오일이 커피의 향 분자와 함께 추출되면서 많은 향을 만들어낸다고 한다. 커피의 향 분자들은

원두 속에 성분으로 존재하고 있는데, 로스팅 과정에서 새로운 향 성분들이 생성되고 커피의 오일들이 향 성분들을 코팅하게 된다. 그리고 이 상태로 추출되면서 강한 향을 생성하게 된다. 로스팅 과정에서 보이는 마이야르 반응과 캐러멜화, 지방산화 등이 일어나 수많은 향과 물질들이 포함된 원두로 다시 태어나게 되는 것이다. 이것은 우리의 후각과 미각을 통해 더욱 선명하게 느껴지며 커피가 가지는 다양한 플레이버를 느낄 수 있게 된다.

통상적으로 혀의 미뢰 작용에 의해 신맛, 짠맛, 쓴맛, 단맛을 구분하고, 향은 커피를 마시고 난 후 그 성분이 목 안쪽에서 코로 올라올 때 전해진다. 에스프레소를 마시고 난 후 입안에서 오랫동안 향을 느끼게 되는데 이것을 '애프터 테이스트(After taste)'라고 한다. 오일에 코팅되어 있던 커피의 향 분자들이 입안에서 혀에 닿게 되면 향 분자들과 오일이 터지면서 입속에서 향을 느끼게 되고, 그 향의 무게들과 오일로 인해 애프터 테이스트를 느끼게 되는 것이다

에스프레소의 바디, 아로마, 애프터 테이스트는 유상화에 의해 생성되는 대표적인 것으로 에스프레소의 특징을 만들어내는 만큼 매우 중요한 부분이다. 같은 커피라고 하더라도 많은 변수들로 유상화의 정도가 다르게 추출되기 때문에 커피의 이해부터 로스팅, 머신, 그라인딩 모두를 연결된 하나의 과정으로 생각해야 한다.

Chapter 2. 논커피

NON COFFEE

Green Tea Latte

● 그린티라떼

재료(12oz 기준)
녹차파우더 30g
스팀우유 200g

1 준비한 잔에 녹차파우더를 넣는다.
2 스티밍한 우유의 일부를 넣어 파우더가 덩어리지지 않게 잘 섞어준다.
3 나머지 스팀우유를 부어준다.
4 녹차파우더를 뿌려 완성한다.

Tip
이외에도 홍차, 블루베리 등 여러 가지 파우더를 이용하여 다양한 라떼를 만들 수 있다.

Iced Green Tea Latte

● 아이스 그린티라떼

재료(14oz 기준)
녹차파우더 30g
우유 170g
얼음 150g(8-10개)

1 계량컵에 녹차파우더를
  넣는다.

2 우유를 약간 넣고 파우더가
  덩어리지지 않게
  잘 섞어준다.

3 준비한 컵에 얼음을 담고
  우유를 넣는다.

4 우유와 잘 섞인
  녹차파우더를 부어준다.

Tip
아이스 메뉴도 여러 가지 파우더를 이용하여 다양한 라떼 음료를 만들 수 있다.
기호에 따라 휘핑크림을 얹어도 좋다.

Hot Chocolate

● 핫 초콜릿

재료(12oz 기준)
초코소스 35g
스팀우유 200g
휘핑크림 적당량
초코파우더 또는
초코소스 약간

1 준비한 잔에 초코소스를 넣는다.
2 스팀우유 일부를 넣어 초코소스와 잘 섞어준다.
3 나머지 스팀우유를 부어준다.
4 휘핑크림을 올리고 초코파우더 또는 초코소스를 뿌려 마무리한다.

Tip
초코소스 대신 다크 초콜릿을 직접 녹여 달콤쌉쌀하고 진한 맛의 핫 초콜릿도 만들 수 있다. 카카오 함량에 따라 다양한 맛의 핫 초콜릿들을 만들 수 있으니 도전해보자.

Iced Chocolate

● 아이스 초콜릿

재료(14oz 기준)
초코소스 35g
우유 170g
얼음 150g(8-10개)
휘핑크림 약간
초코파우더 또는
초코소스 약간

1 계량컵에 초코소스를 넣는다.

2 우유를 약간 넣고 초코소스와 잘 섞어준다.

3 준비한 잔에 얼음을 담고 우유를 넣는다.

4 3에 우유와 잘 섞인 초코소스를 부어준다.

5 휘핑크림을 얹고 초코파우더 또는 초코소스를 뿌려 마무리한다.

Tip
아이스 메뉴도 따뜻한 메뉴와 마찬가지로 카카오 함량에 따른 다양한 다크 초콜릿을 선택할 수 있으며 화이트 초콜릿, 밀크 초콜릿을 이용하여 또 다른 메뉴를 만들 수 있다.

INTERVIEW

박근하 바리스타

Award winning career 2013년 KNBC(Korea National Barista Championship) 3위 · 2014년 KNBC 우승 · 2014년 WBC(World Barista Championship) 14위 · 2015년 KNBC 4위

Contact
프린츠 커피 컴퍼니
Address : 서울시 마포구 새창로 2길 17
Open Hours : mon-fri 8:00-23:00
　　　　　　　weekend/holiday 10:00-23:00

메뉴를 소개해주세요.

한마디로 시너지 효과를 강조한 것으로, 두 번의 대회를 거치면서 만들어진 메뉴예요. 팀을 통해 대회를 준비하는 과정에서 여러 사람이 모이면 더 좋은 시너지 효과를 얻을 수 있다는 생각을 담아 이 메뉴를 만들었죠. 에너지의 상호 작용이랄까요. 여기서 건조 오렌지는 전도열을 이용하고 베이퍼라이저는 대류열을 이용합니다.

메뉴를 만들 때 중요하게 생각하는 점은 무엇인가요?

커피와의 관계와 맛의 균형입니다.

이 메뉴를 주고 싶은 사람이 있다면요?

아직 에스프레소의 진한 농도가 익숙하지 않은 사람들에게 권하고 싶습니다. 커피에서 말하는 산미가 어떤 것인지, 단맛은 무엇을 얘기하는지, 그리고 아로마는 무엇을 의미하는지 등 복잡하게 느낄 수 있는 맛의 지표를 매우 심플하고 명확히 보여줄 수 있거든요.

메뉴를 만들 때 어떤 재료를 선호하나요?

커피마다 조금씩 다른데, 이 경우 플레이버가 확실하게 느껴지는 과일류를 선호합니다. 되도록 가공되지 않은 재료를 사용하고 싶어 하는 일종의 병이 있습니다.

카페 창업을 원하는 사람들에게 해주고 싶은 말이 있다면?

스스로에게 꼭 되물어야 할 질문이 있습니다. 첫째 '나는 이 일을 정말로 좋아하는가, 혹은 나의 직업적 고민을 충분히 하고 결정한 것인가', 둘째 '나는 매일 똑같은 일상을 똑같은 곳에서 보내면서 행복할 수 있는 사람인가', 셋째 '내가 그리는 카페의 형태가 명확한가', 마지막으로 '나는 어떻게 살아남을 것인지에 대한 전략을 얼마나 가지고 있는가'.

Signature Recipe ● 시그니처 레시피

재료
건조 오렌지 10g
오렌지필, 레몬필 10g
비정제 설탕시럽 5g
물 40g
배이퍼라이저(Vaporizer)
에스프레소(시트릭한 산미 톤을 가진 커피)

1 에스프레소 추출하여 완전히 차가워질 때까지 냉각한다.
2 건조된 오렌지 10g을 40g의 물로 인퓨징한다.
3 에스프레소에 비정제 설탕시럽 5g을 넣어 섞는다.
4 냉각된 에스프레소와 오렌지 액을 섞는다.
5 배이퍼라이저의 챔버에 오렌지필, 레몬필 10g을 넣고 150도 정도로 맞춰서 작동시킨다.
6 볼 형태의 잔에 커피를 담고, 배이퍼라이저를 이용해 잔에 플레이버를 주입한다.

Chapter 3. 스무디&프라페

Smoothie
&Frappe

Plain Yogurt Smoothie

● 플레인 요거트 스무디

재료(14oz 기준)
우유 150g
요거트파우더 45g
얼음 200g(10-12개)

1 블렌더에 우유, 요거트파우더, 얼음을 넣고 갈아준다.
2 준비한 잔에 담아 마무리한다.

Tip
요거트파우더 대신 플레인 요거트를 사용해도 좋다. 기호에 따라 휘핑크림으로 마무리하거나 제철 과일을 올려도 좋다.

Blueberry Yogurt Smoothie

● 블루베리 요거트 스무디

재료(14oz 기준)
우유 150g
요거트파우더 45g
얼음 200g(10-12개)
블루베리잼 약간

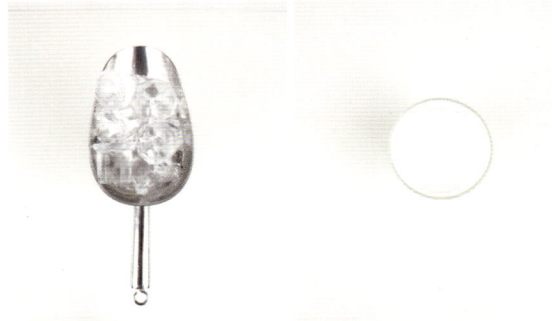

1 블렌더에 블루베리잼을 제외한 우유, 요거트파우더, 얼음을 넣고 갈아준다.

2 준비한 잔에 블루베리잼을 먼저 담는다.

3 그 위에 요거트스무디를 얹어 마무리한다.

Tip
잔에 블루베리잼을 먼저 넣고 그 위에 플레인 요거트 스무디를 담아 스트로우나 스푼으로 저어서 먹을 수 있도록 했다. 이런 방법이 불편하다면 모든 재료를 넣고 한 번에 갈아주어도 무방하다.

Strawberry Yogurt Smoothie

● 스트로베리 요거트 스무디

재료(14oz 기준)
우유 150g
요거트파우더 45g
얼음 200g(10-12개)
딸기잼 약간

1 블렌더에 요거트파우더, 우유, 얼음을 넣고 갈아준다.
2 준비한 잔에 딸기잼을 담는다.
3 그 위에 요거트 스무디를 얹어 마무리한다.

Tip
딸기잼 대신 생딸기 또는 냉동 딸기를 사용해도 좋다. 이런 과정이 번거롭다면 딸기 요거트파우더를 사용하여 만들면 된다.

Strawberry Smoothie

● 스트로베리 스무디

재료(14oz 기준)
우유 100g
바닐라파우더 20g
냉동 딸기 60g
딸기소스 또는
딸기잼 40g
얼음 200g(10-12개)

1 블렌더에 우유, 바닐라파우더, 냉동 딸기, 얼음, 딸기소스를 넣고 갈아준다.

2 준비한 잔에 담는다.

Tip
생딸기를 사용해도 좋지만 냉동 딸기를 사용하면 스무디의 질감을 더 잘 살릴 수 있다. 이러한 과정이 번거로울 경우에는 딸기 대신 딸기소스나 잼으로 전부 대체할 수 있다.

Mango Smoothie

● 망고 스무디

재료(14oz 기준)
우유 100g
바닐라파우더 20g
냉동 망고 60g
망고소스 40g
얼음 200g(10-12개)

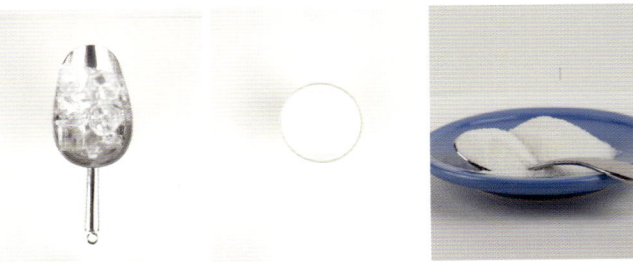

1 블렌더에 우유, 바닐라파우더, 냉동 망고, 얼음, 망고소스를 넣고 갈아준다.

2 준비한 잔에 담는다.

Tip
생망고를 사용해도 좋지만, 이러한 과정이 번거로울 경우에는 망고소스로 전부 대체할 수 있다.

Blueberry Smoothie

● 블루베리 스무디

재료(14oz 기준)
우유 100g
바닐라파우더 20g
냉동 블루베리 40g
블루베리소스 60g
얼음 200g(10-12개)

1 블렌더에 우유, 바닐라파우더, 냉동 블루베리, 얼음, 블루베리소스를 넣고 갈아준다.

2 준비한 잔에 담는다.

Tip
냉동 블루베리 대신 블루베리소스로 대체할 수 있다.

Green Tea Frappe

● 그린티 프라페

재료(14oz 기준)
우유 150g
녹차파우더 25g
바닐라파우더 25g
얼음 200g(10-12개)

1 블렌더에 모든 재료 우유, 녹차파우더, 바닐라파우더, 얼음을 넣고 갈아준다.

2 준비한 잔에 담는다.

Tip
휘핑크림 또는 녹차파우더를 뿌려 마무리해도 좋다

Pistachio Almond Frappe

● 피스타치오 아몬드 프라페

재료(14oz 기준)
우유 120g
피스타치오 아몬드 파우더 60g
얼음 200g(10-12개)
휘핑크림 약간
통아몬드 약간

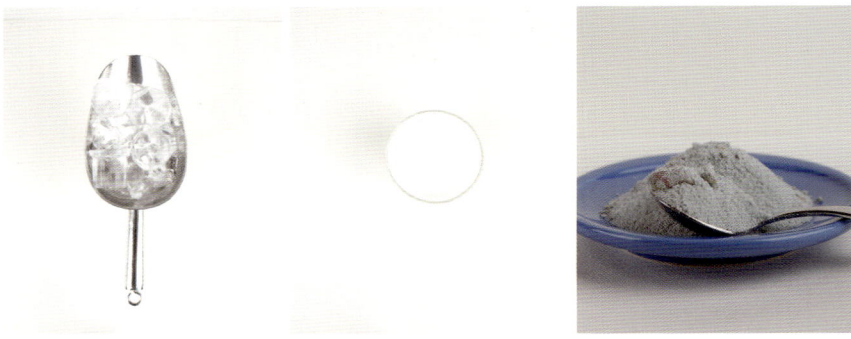

1 블렌더에 우유, 피스타치오 아몬드 파우더, 얼음을 넣고 갈아준다.

2 준비한 잔에 담는다.

3 통아몬드를 올려 마무리한다.

Tip
기호에 따라 휘핑크림 또는 아이스크림을 올려 마무리해도 좋다.

Cherry Very Frappe

● 체리베리 프라페

재료(14oz 기준)
우유 120g
체리베리파우더 60g
얼음 200g(10-12개)
휘핑크림 약간

1 블렌더에 우유, 체리베리파우더, 얼음을 넣고 갈아준다.

2 준비한 잔에 담는다.

3 휘핑크림을 올려 마무리한다.

Tip
피스타치오 아몬드와 마찬가지로 휘핑크림 대신 아이스크림을 올려 마무리해도 좋다.

Cookie'n Cream Frappe

● 쿠키앤크림 프라페

재료(14oz 기준)
우유 100g
바닐라파우더 60g
얼음 180g(10-12개)
오레오쿠키 2개

1 블렌더에 바닐라파우더, 우유, 오레오쿠키, 얼음을 넣고 갈아준다.
2 준비한 잔에 담는다.
3 오레오쿠키로 토핑하여 마무리한다.

Tip
토핑은 휘핑크림이나 아이스크림, 초코소스를 뿌려주어도 좋다. 바삭한 쿠키가 씹히는 질감의 프라페를 만들고 싶다면 쿠키를 뺀 나머지 재료만 먼저 곱게 갈아준 다음 마무리 단계에서 쿠키를 넣고 몇 번 블렌딩하여 완성하면 된다.

Mocha Frappe

● 모카 프라페

재료(14oz 기준)
우유 100g
초코파우더 60g
에스프레소 30ml 1샷
얼음 200g(10-12개)

1 블렌더에 우유, 초코파우더, 에스프레소, 얼음을 넣고 곱게 갈아준다.
2 준비한 잔에 담는다.
3 기호에 따라 휘핑크림을 얹거나 초콜릿비스켓 등으로 마무리한다.

Tip
토핑은 휘핑크림 대신 아이스크림을 올리거나 초코소스 또는 초코칩을 뿌려주어도 좋다.

Column • 칼럼

글 | 방준배 바리스타

Profile
안드레아플러스(AndreaPlus) Education Manager
(사)한국커피협회 바리스타 2급 실기 심사위원
2011 EK BARISTA 아카데미 강사 역임

Award winning career 2011 KOREA BARISTA CHAPIONSHIP 본선입상 · 2011 WORLD LATTE ART CHAPIONSHIP 국가대표선발전 본선입상 · 2011 KCA BARISTA CLASSIC 본선입상 · 2012 한국 바리스타 챔피언쉽 4위 · 2013 Korea national barista championship 4위 · 2014 Korea national barista championship 5위 · 2015 Korea national barista championship 2위

최근 대중매체에서 스타 셰프들이 나와 갖가지 요리 정보와 여러 가지 음식에 대한 이야기를 풀어내는 프로그램에 대한 인기가 높아지면서 점차 요리를 만드는 전문직에 대한 소비자들의 인식이 변화되고 있다. 이처럼 바리스타 역시 빠른 시일 내에 전문직으로서 주목을 받을 거라 생각하는데, 스페셜티 커피 시장이 확대됨에 따라 바리스타의 역량에 대한 중요도가 높아지고 있기 때문이다.

스페셜티 커피에 대한 관심이 높아지면서 다양한 스페셜티 커피가 시장에 선보이고 있는데, 진정한 스페셜티 커피는 스페셜티 커피를 더욱 스페셜하게 표현할 수 있는 바리스타의 기술과 철학이 녹아들어 있는 한 잔의 커피라고 생각한다.

바리스타 대회는 스페셜티 커피와 맥을 같이하고 있다. 이것은 더 나은 커피 기술과 트렌디한 커피를 만들어 낸다. 바리스타로서 대회에 좋은 성적을 거두는 것은 스페셜티 커피 시장에서 트렌드를 이끄는 중심적인 역할을 한다는 의미이고, 이것은 우리보다 먼저 발전된 세계 여러 나라의 스페셜티 시장을 보면 확인할 수 있는 사실이다.

이제 지난 3년간 WBC(World barista championship)와 KNBC(Korea national barista championship)에서 직접 보고 겪은 경험들을 바탕으로 바리스타 대회의 준비 과정에 대해 이야기하고자 한다.

세계 최고의 바리스타를 가리는 월드바리스타챔피언십

월드바리스타챔피언십, 즉 WBC(World Barista Championship)는 매년 WCE(World Coffee Event)에서 개최하는 우수한 국제커피대회이다. 커피의 우수성 홍보, 바리스타 직업 발전 및 전 세계 지역 이벤트의 집대성 역할을 하며 매년 챔피언십 행사와 전 세계 고객 참여에 초점을 맞추고 있다. 대회에는 매년 50개 이상의 국가를 대표하는 챔피언이 참가하여, 엄격한 기준에 따라 4잔의 에스프레소, 4잔의 카푸치노, 4잔의 창작 음료를 각각 준비한다. WCE 인증 심사위원은 청결, 창의성, 기술능력, 전반적인 프리젠테이션 기술, 제공 음료의 맛을 평가한다. 첫 번째 라운드에서 상위 12명의 경쟁자가 준결승에 진출하며, 6명의 경쟁자가 준결승에서 열전을 펼쳐 최종 한 명의 우승자가 세계 바리스타 챔피언이라는 타이틀을 얻게 된다.

스코어 시트 파악

대회는 철저히 룰을 먼저 파악하고 대회가 요구하는 바를 끊임없이 고민해야 한다. 즉, 룰을 아예 외울 정도로 연구하고 또 연구해야 한다는 것이다. 이 과정에서 심사위원이 원하는 커피의 방향과 의도를 짐작할 수 있고, 이것은 선수로서 어떠한 방향으로 시연을 이끌어 갈지를 정확히 파악할 수 있게 한다.

또한 룰은 변경되기도 하므로 대회에 참가하기 전에 룰을 확인하여 변경된 사항을 이해하고 파악해야 한다. 2016년 WBC에서는 변경된 룰을 가지고 대회를 치르게 된다. 선수들은 변경된 내용에 대해 반드시 숙지하고 머릿속에 끊임없이 연상하면서 시연의 주제를 완성해야 빈틈없는 시연을 할 수 있다. 그리고 예상보다 점수 차가 그리 크게 나지 않을 수 있는 상황이 많으므로 감점 요인을 최대한 줄여야 한다. (2016 WBC 스코어 시트는 160쪽에서 확인할 수 있다.)

룰이 변경됨에 따라 불필요한 행동을 하지 말아야 한다. 이는 시연의 자연스러움과 전문성에서 높은 점수를 얻을 수 있다. 예를 들어 종전에 카푸치노 항목이 밀크 베버리지라는 항목으로 변경이 되었을 때 심사위원이 채점하게 될 프로토콜의 변화를 통해 선수들은 어떻게 제공을 해야 할지를 결정하여 서비스를 해야 시연의 자연스러움을 가질 수 있다는 것이다.

커피의 선택

대부분의 선수들은 「Rules & regulations」를 시트지가 나오는 부분부터 연구하기 시작하지만 이 대회의 의도와 변경된 룰의 이해는 분명 앞부분에도 너무나도 잘 나와 있다. 즉 꼼꼼히 처음부터 끝까지 봐야 한다는 것이다. 이 대회는 스페셜티 커피 대회이다.

「Rules & regulations」 "1.4 TERMS & CONDITIONS" 항목을 보면 모든 참가자와 월드 바리스타 챔피언은 월드바리스타챔피언십 행사의 대변인이자 스페셜티 커피 산업의 롤 모델로서 다음과 같은 사항을 확인한다. 즉, 스페셜티 커피를 선택해야 하는 것은 당연한 것이며 롤 모델로서 책임감을 가질 수 있는 바리스타여야 한다는 것이다.

또한 좋은 커피를 선택하기 위해서는 메커니즘을 파악할 필요가 있다. 좋은 커피라고 해서 그것이 무조건 좋은 결과물로 나타나지는 않기 때문이다. 대회에서 추구하는 바를 제대로 파악하고 커피와 대회가 추구하는 이상의 조화를 생각하여 값을 도출해내야 한다는 것이다. 이를 잘 파악하면 가공 과정부터 선택할 수 있게 되어 농장과 생산지의 범위를 좁힐 수 있으므로 시간을 절약할 수 있고, 커피의 스토리와 바리스타가 조화를 이루어 명확한 주제를 심사위원에게 전달하므로 시연 자체를 쉽고 재미있게 즐길 수 있다.

직접 세계대회를 보고 챔피언들의 시연을 본 바로는, 주제가 명확하고 쉬우며 공감을 끌어낼 수 있는 커피의 선택이 첫 번째 조건이라는 결론을 얻을 수 있었다.

끊임없는 연습

시연은 완벽해야 한다. 바리스타는 고객이 만족할 수 있도록 고객에게 맞춰 음료를 만들고 서비스 하듯이, 대회에서도 심사를 맡은 저지들이 만족할 수 있도록, 그리고 저지들이 내가 만든 '바'에 다시 와서 커피 한 잔을 마시고 싶을 정도로 퀄리티 높은 음료와 서비스를 제공해야 하므로 시연은 무조건 완벽해야 한다. 그러기 위해서는 시연의 전체 틀이 빠른 시간 안에 만들어지는 것이 중요하며 끊임없이 수정하고 보완해야 한다.

필자의 경험상 익숙한 사람들 앞에서 매일 시연하기보다는 새로운 사람들 앞에서 시연을 하면서 수정 보완하는 것이 더욱 매끄러운 시연과 확고한 주제를 만들 수 있다고 생각한다. 많은 책을 읽고 커피 외에 다른 분야에도 관심을 가지고 귀를 기울여 기록한다면 분명 스토리를 만드는 데 많은 도움이 될 것이다.

바리스타 대회는 바리스타가 성장하는 데 있어 보다 명확한 길을 제시해 주고 어쩌면 스페셜티 커피 산업을 이끌어 가는 동력이 될 수 있다고 생각한다. 그러니 이 무게를 감당할 만큼 끊임없이 연구하고 노력하는 바리스타들이 점차 많아지길 바란다.

INTERVIEW

이종훈 바리스타

Award winning career 2004 Korea National Barista Championship 1st Place · 2005 Korea National Barista Championship 3rd Place · 2008 Korea National Barista Championship 5th Place · 2009 Korea National Barista Championship 1st Place · 2011 Korea National Barista Championship 4th Place · 2012 Korea National Barista Championship 2nd Place · 2013 Korea National Barista Championship 4th Place · 2014 Korea National Barista Championship 3rd Place · 2015 Korea National Barista Championship 1st Place · 2008 World Coffee in Good Spirits Championship 2nd Place · 2009 World Barista Championship 5th Place

Contact
커피 그래피티(Coffee Graffiti) · Address : 서울시 마포구 서교동 478-3
Open Hours : 10:00 – 18:00 · Tel : 070 4686 5801(방문 시 연락 필수)

시그니처 메뉴를 소개해주세요.
대회에 출전했을 때 사용했던 커피가 과테말라에서 재배된 에티오피아산 게이샤 품종이었는데, 게이샤 커피가 가지고 있는 말린 과일의 향들과 과테말라 커피가 지닌, 제가 좋아하는 바닐라 느낌을 살리고 싶었습니다. 커피와 티를 섞는다는 단순한 아이디어가 아니라, 당시 그 커피가 가지고 있는 특징을 살려 그 커피가 아니면 절대 느낄 수 없는 커피를 만들고 싶었죠. 독특한 디자인의 잔은 커피가 가지고 있는 향과 맛을 느끼기에 가장 이상적이었고, 온도가 잘 유지되기 때문에 창작음료의 단맛을 가장 강하게 느낄 수 있을 겁니다.

메뉴를 만들 때 중요하게 중요하게 생각하는 점은 무엇인가요?
사용하는 커피를 어떻게 잘 표현할 것인가를 고민하고, 그 커피가 아니면 안 되는 메뉴를 디자인하는 편입니다. 물론 마셨을 때 많은 사람들이 맛있다고 느끼는 것이 가장 중요합니다.

이 메뉴를 누구에게 만들어주고 싶나요?
부모님께 한 잔씩 만들어 드리고 싶습니다. 최근 몇 년간 커피를 만들어 드린 적이 없는 것 같네요. 특히 창작 메뉴는 대회가 아니면 만들지 않다 보니 꼭 만들어 드리고 싶습니다.

메뉴를 만들 때 선호하는 부재료는 무엇인가요?
가장 선호하는 재료는 '단맛'을 내는 재료입니다. 다년간 대회를 참가하면서 여러 종류의 설탕들(각종 비정제 설탕과 유기농 설탕들)과 여러 종류의 시럽(과일, 견과류 시럽 등)을 즐겨 만들어 사용했습니다.

카페를 창업하려는 이들에게 조언을 해준다면?
카페를 창업해야 하는 이유를 찾았으면 좋겠습니다. 정말 좋아서 하려는 것인지 아니면 단순한 호기심인지가 매우 중요한 부분이라고 생각합니다.

지금 몸담고 있는 커피 그래피티는 어떤 회사인가요?
그래피티란 여러 가지 의미를 담고 있는데 그중 '새기다'라는 의미가 있습니다. 저희는 커피 맛을 새겨 넣는 작업을 하는 원두 회사입니다. 또한 그래피티는 벽에 표현하는 수단으로 사용되기도 하는데 원두를 통해 저희를 표현한다는 의미 또한 담고 있습니다.

Signature Recipe ● 시그니처 레시피

재료
에스프레소 25ml
바닐라시럽 15g
블렌디드 티 15g
* 블렌디드 티 : 레몬, 오렌지, 레드프루츠, 망고, 사과 등의 과일 티

1 과일티를 모두 블렌딩한 후 티포트에서 약 8분간 우려낸다.
2 시럽과 과일티를 계량해서 잔에 담아둔 후 에스프레소를 추출한다.
3 디자인 잔에 시럽과 과일티를 먼저 넣은 후 에스프레소를 넣는다.
4 유리 빨대를 이용해서 즐긴다.

Chapter 4. 에이드&주스

Ade&Juice

Lemonade

● 레모네이드

재료(14oz 기준)
레몬 1개
설탕시럽 20g
탄산수 170g
얼음 150g(8-10개)
레몬슬라이스 1조각

1 레몬을 반으로 자른 뒤 스퀴징 하여 레몬과즙을 준비한다.

2 준비한 잔에 얼음을 담는다.

3 탄산수를 담는다.

4 준비한 1의 레몬과즙에 설탕시럽을 혼합하여 부어준다.

Tip
· 레몬 생과일 대신에 간편하게 레몬청을 사용할 수도 있고, 설탕시럽과 탄산수 대신 사이다 등을 이용해도 좋다.
· 레몬슬라이스와 로즈마리 등 허브를 함께 장식하면 좋다.

블루큐라소 시럽을 첨가한
블루레모네이드

석류나 히비스커스 시럽을 첨가한
핑크레모네이드

Orange Ade

● 오렌지에이드

재료(14oz 기준)
오렌지 1개
설탕시럽 20g
탄산수 120g
얼음 150g(8-10개)
오렌지 슬라이스 1조각

1 오렌지는 스퀴저를 이용해 즙을 낸다.
2 준비한 잔에 얼음을 넣고 시럽과 탄산수를 부어준다.
3 착즙한 오렌지즙을 부어 완성한다.

Tip
생오렌지 대신 오렌지청으로 간편하게 만들 수도 있다.

Grapefruit Ade

● 자몽에이드

재료(14oz 기준)
자몽 1/2개
설탕시럽 20g
탄산수 120g
얼음 150g(8-10개)
자몽슬라이스 1조각

1 자몽를 반으로 잘라 스퀴징 하여 자몽과즙을 준비한다.
2 준비한 잔에 얼음을 담는다.
3 탄산수를 담는다.
4 1의 자몽과즙에 설탕시럽을 혼합하여 부어준다.

Tip
· 자몽 생과일 대신에 간편하게 자몽청을 사용할 수도 있고, 설탕시럽과 탄산수 대신 사이다 등을 이용해도 좋다.
· 자몽슬라이스와 타임 등 허브를 함께 장식하면 좋다.

Green Grape Ade

● 청포도에이드

재료(14oz 기준)
청포도 120g
설탕시럽 20g
탄산수 100g
얼음 150g(8-10개)
청포도알 약간

1 준비한 잔에 청포도와 설탕시럽을 넣고 머들러로 으깨준다.
2 그 위에 얼음을 담는다.
3 탄산수를 부어 마무리한다.

Tip
탄산수, 설탕시럽 대신 사이다를 사용해도 좋다.

Orange Juice

● 오렌지 주스

재료(12oz 기준)
오렌지 2개(중과)
얼음 80g(5-6개)

1 오렌지는 반으로 잘라 준비한다.
2 스퀴저로 착즙한다.
3 준비한 잔에 얼음을 담고 착즙한 오렌지 주스를 담는다.

Tip
오렌지 주스는 우리 주변에서 가장 쉽게 찾을 수 있는 대중적인 과일 주스 중 하나이다. 착즙을 해서 과즙으로만 음용할 수도 있고, 과육을 함께 갈아 마실 수도 있다. 최근에는 착즙 기계가 많아져 가정에서도 손쉽게 다양한 주스를 만들어 마실 수 있다.

Kiwi Juice

● 키위 주스

재료(12oz 기준)
키위 2개
설탕시럽 30g
물 50g
얼음 80g(5-6개)

1 키위는 껍질을 벗기고 과육을 적당히 잘라 준비한다.
2 블렌더에 모든 재료 키위, 설탕시럽, 물, 얼음을 넣고 갈아준다.
3 준비한 잔에 담는다.

Tip
· 블렌더에 키위주스를 갈 때 너무 오래, 세게 갈지 않도록 한다. 키위 씨가 으깨져 아리고 쓴맛을 낼 수 있기 때문이다.
· 키위가 너무 신 경우에는 설탕시럽을 좀 더 첨가하거나 키위시럽을 사용하여 키위의 색과 맛을 좀 더 보충해줄 수 있다.

Strawberry Juice

● 스트로베리 주스

재료(12oz 기준)
딸기 160g(8-10개)
설탕시럽 30g
얼음 120g(7-8개)
물 50g

1 딸기는 꼭지를 떼어내고 과육을 적당히 잘라 준비한다.

2 블렌더에 딸기, 설탕시럽, 얼음, 물을 넣고 갈아준다.

3 준비한 잔에 담는다.

Tip
딸기 수확 시기가 아닐 경우에는 냉동 딸기를 사용할 수 있다. 이때는 얼음의 양을 줄여준다.

Banana Juice

● 바나나 주스

재료(14oz 기준)
바나나 150g
설탕시럽 10g
우유 100ml
얼음 50g(3-4개)

1 바나나는 껍질을 벗기고 과육을 적당히 잘라 준비한다.

2 블렌더에 모든 재료 바나나, 설탕시럽, 우유, 얼음을 넣고 갈아준다.

3 준비한 잔에 담는다.

Tip
바나나의 당도에 따라 설탕시럽으로 단맛을 조절해주면 된다.

Banana Kiwi Juice

● 바나나키위 주스

재료(12oz 기준)
바나나 70g
키위 70g
설탕시럽 20g
우유 80g
얼음 40g(2-3개)

1 바나나와 키위는 껍질을 벗기고 과육을 적당히 잘라 준비한다.
2 블렌더에 바나나, 키위, 설탕시럽, 우유, 얼음을 넣고 갈아준다.
3 준비한 잔에 담는다.

Tip
· 바나나와 키위의 당도에 따라 설탕시럽으로 단맛을 조절해주면 된다.
· 바나나와 딸기도 잘 어울리는 조합이다.

Lemon Tea

● 레몬티

재료(12oz 기준)
레몬청과 건지 90g
뜨거운 물 200g
레몬슬라이스 약간

1 레몬청을 뜨거운 물과 함께 냄비에 넣고 살짝 데워준다.
2 준비한 잔에 데운 레몬차를 담고 레몬슬라이스를 넣어준다.

Tip
레몬청이 실온에 보관된 것이라면 그냥 뜨거운 물만 넣어주어도 된다. 레몬청이 냉장 보관되어 너무 차가우면 음료가 금세 미지근해질 수 있기 때문에 살짝 데워주면 따끈한 과일차로 즐길 수가 있다.

Grapefruit Tea

● 자몽티

재료(12oz 기준)
자몽청과 건지 90g
뜨거운 물 200g
자몽슬라이스 약간

1 자몽과육 건지와 청을 뜨거운 물과 함께 냄비에 넣고 살짝 데워준다.
2 준비한 잔에 데운 자몽차를 담고 자몽슬라이스를 넣어준다.

Tip
자몽청의 당도에 따라 넣는 양은 조절할 수 있다. 더 붉은색의 자몽차로 만들고 싶다면 소량의 자몽주스나 시중에 판매되는 자몽퓨레 또는 소스를 넣어도 좋다.

INTERVIEW

현상무 바리스타

Award winning career 한국바텐더챔피언십 우승 · 괌 세계바텐더대회 국가대표선발전 우승 · 한국 바텐더대회 심사위원
2015 국가대표선발전 굿스피릿 우승 · 2015 굿스피릿 세계대회 5위

Contact
마리스 커피(Maris Coffee)
Address : 충남 천안시 동남구 안서동 492-2
Open Hours : 11:00~25:00

메뉴를 소개해주세요.

조주의 간결함과 쉽게 구할 수 있는 재료로 누구나 쉽게 만들 수 있도록 하는 데 초점을 맞추었어요. 수정과 같은 뉘앙스의 음료로 보다 쉽게 한국을 떠올릴 수 있도록 부채를 사용하였고, 테이스팅 전 향을 느끼고 마셨을 때 향이 더욱 풍부하게 느껴지도록 하는 데 포커스를 맞추었습니다.

메뉴를 만들 때 중요하게 생각하는 점은 무엇인가요?

음료는 시각, 후각, 그 다음 미각의 순서라 항상 생각하고 있습니다. 새로운 메뉴를 만들 때 가장 먼저 생각하는 것은 스토리텔링입니다. 음료에 감성을 더해 마치 생명을 불어넣는 것처럼 말이죠. 단순히 음료에 그치지 않고 장식이나 플레이버에 더욱 신경 쓰는 편입니다. 하지만 대회 출전을 위한 메뉴와 매장에서 판매하는 메뉴에는 차이점이 있습니다. 대회는 주어진 시간이 한정되어 있기 때문에 섬세하지 못하지만, 최대한 고민하면서 노력하고 있습니다.

이 메뉴를 추천해주고 싶은 사람이 있다면, 그 이유는 무엇인가요?

딱히 누구라고 꼭 집어 말하기는 어렵고, 가게에 찾아오시는 손님들이라면 모두 드리고 싶습니다.

메뉴를 만들 때 선호하는 부재료가 있나요?

과일이 제일 비중이 클 것 같습니다. 신선함을 그대로 맛볼 수 있는 매력이 있기 때문에 아무래도 선호하는 재료는 과일입니다.

카페를 창업하려는 이들에게 한마디 해주세요.

창업 입문자분들에게는 희망을 드려야 하지만, 저도 아직 부족하고 각자에게 제각기 다른 현실적인 문제가 많기에 뭐라 말씀드리기가 어렵네요.

Signature Recipe ● 시그니처 레시피

재료
코스타리카 커피 90g
시나몬시럽 15g
디카이퍼 마라스퀸 15g
그랑마니에르 10g

1 에어로프레스에 90g의 원두와 물 100g로 추출한다.
2 시나몬시럽과 마라스퀸, 그랑마니에르를 넣고 잘 저어 잔에 따른다.
3 시나몬스틱을 태워 향을 입힌 후 부채를 잔 위에 얹어 놓는다.

Chapter 5. 알코올 음료

Alcoholic beverage

Irish Coffee

● 아이리시 커피
　- 김영진 바리스타 레시피

재료(8oz 기준)
에스프레소 30ml 2샷, 뜨거운 물 180g, 비정제설탕 15g
위스키 30g, 생크림 30g, 케멕스

1 에스프레소를 추출한다.
2 케멕스에 비정제설탕을 넣고 뜨거운 물을 부어 잘 섞어둔다.
3 케멕스 필터 위로 추출한 에스프레소를 붓는다.
4 아이리시 위스키를 스티밍한 뒤, 준비한 아이리쉬 잔에 부어준다.
6 그 위에 커피 180g를 부어준다.
7 생크림 30g을 올려 마무리한다.

Tip
· 생크림은 쉐이킹을 한 후에 올려주는데 이때 기포가 생길 수도 있다. 그럴 때는 고운체에 한 번 내려 부드러워진 크림을 사용하면 된다.
· 아이리시 커피를 만들 때 커피 추출은 에스프레소 머신 이외에 다양한 추출 기구를 사용하여 추출할 수 있다.

Lime Mojito

● 라임 모히토
  – 현상무 바리스타 레시피

재료(14oz 기준)
라임 1/2개
설탕 2스푼
애플민트잎 12개
럼(바카디) 45g
탄산수
잘게 부순 얼음
장식용 민트

1 긴 잔을 준비한다.
2 라임 1/2개와 설탕을 넣고 머들러를 이용하여 저어준다.
3 애플민트의 향을 더하기 위해 민트를 손바닥에서 힘껏 쳐준다.
4 민트를 넣기 전. 글라스의 림(Rim) 부분에 민트 향을 살짝 코팅해준다.
5 민트를 넣은 후 바카디 45g과 탄산수를 넣고 바스푼으로 잘 저어준다.
6 잘게 부순 얼음을 잔에 높이 올려 주고 민트잎으로 장식하여 완성한다.

Tip
· 머들러는 재료를 으깨거나 섞는 데 사용하는 도구로 칵테일을 만들 때 주로 사용한다. 민트를 넣기 전 글라스 림 부분에 민트 향을 살짝 코팅해줌으로써 마실 때 민트향을 더해줄 수 있다.
· 모히토는 럼주를 넣지 않은 논알코올 음료로도 즐길 수 있고 라임 이외에도 여러 가지 과일을 베이스로 이용하여 즐길 수도 있다.

Wine Ade

● 와인에이드

재료(14oz 기준)
와인 50g
로즈시럽 10g
탄산수 170g
얼음 150g(8-10개)
애플민트 약간

1 얼음을 담은 잔에
 로즈시럽을 부어준다.

2 탄산수를 부어준다.

3 와인을 부어준다.

4 애플민트를 얹어
 마무리한다.

Tip
· 포도알이나 딸기를 반으로 잘라 넣어주면 시각적으로도 보기 좋은 음료가 된다. 레몬 슬라이스를 넣어주어도 좋다.
· 좀 더 달콤한 에이드를 원한다면 탄산수 대신 사이다를 사용해도 된다.

라즈베리 상그리아

● Raspberry Sangria

재료(12oz 기준)
레드와인 250g
냉동 라즈베리 50g
잘게 부순 얼음 150g(8-10개)
레몬 슬라이스 약간
오렌지 슬라이스 약간

1 준비한 잔에 오렌지와 레몬 슬라이스를 넣고 잘게 부순 얼음을 가득 담는다.
2 얼음 위에 냉동 라즈베리를 소복하게 얹는다.
3 레드와인을 부어 마무리한다.

Tip
서비스를 할 때는 와인을 따로 담아 서빙한다. 한 번에 다 넣어 마시는 것보다 조금씩 천천히 부어 마시면 더욱 맛을 음미하며 즐길 수 있다. 라즈베리와 블랙베리를 섞어 얹거나 여기에 약간의 오렌지 주스를 더해도 좋다. 작은 스트로우를 꽂아서 마시는 것도 재미있다.

INTERVIEW

김영진 바리스타

Award winning career 2014 Korea Coffee in Good spirits 국가대표 선발전 1위 · 2014 World Coffee in Good spirits 5위

Contact
마치 커피 로스터스(MARCH COFFEE ROASTERS)
blog : blog.naver.com/marchcoffee
Address : 서울시 영등포구 여의도동 43-3 홍우빌딩 1층 125호
Open Hours : mon-fri 08:00-21:00
　　　　　　　sat 10:00-20:00, sun 11:00-16:00

티라미수는 어떤 메뉴인가요?
디저트를 한 잔의 음료로 표현하고자 한 것으로, 음료에 식재료를 접목시켜 발상을 전환해보자는 의도로 창작한 메뉴입니다. 표현하는 데 있어 어떤 제약을 두고 싶지 않았거든요.

메뉴를 만들 때 중요하게 생각하는 점은 무엇인가요?
주재료와 부재료 간의 조화로움과 균형감, 콘셉트의 일관성과 음료의 맛, 비주얼의 연관성을 생각합니다.

이 메뉴를 어떤 사람에게 만들어주고 싶나요?
가족에게 주고 싶어요. 대회를 마친 지 오래인데 기회가 없어 아직 음료를 만들어 드리지 못했거든요. 어떤 맛인지 많이 궁금해 하시는데 꼭 한 번 만들어 드리고 싶습니다.

메뉴를 만들 때 선호하는 부재료는 어떤 것인가요?
차 종류나 과일 등 천연 재료들을 즐겨 사용하는 편입니다.

카페 창업 입문자를 위해 해주고 싶은 말이 있다면?
저 또한 이제 막 시작하는 입문자이지만 꼭 드리고 싶은 말은 커피뿐만 아니라 다른 다양한 분야들도 충분히 공부를 하신 상태에서 시작을 하는 게 좋다고 생각합니다.

Signature Recipe ● 시그니처 레시피

● 티라미수(Tiramisu)

재료
빈투바초콜릿 20g
그랑마니에 15g
마스카포네 치즈 50g
우유 50g
에스프레소 크림 15g

1 빈투바초콜릿 20g을 중탕하여 녹인다.

2 우유 50g과 치즈 50g를 섞어 가열한다.

3 중탕한 초콜릿에 그랑마니에 15g을 더하여 섞어준다.

4 섞은 초콜릿 10g을 잔에 부어준다.

5 우유와 치즈를 섞어 데운 소스 20g을 잔에 띄우듯이 부어준다.

6 에스프레소 크림 15g을 올려 완성한다.

INTERVIEW

신창호 바리스타

Award winning career 2015 WCCK korea siphonist championship 우승 · 2013 WCCK korea coffee in good spirits championship 우승 · 2011 WCCK korea coffee in good spirits championship 2위 · 2010 WCCK korea coffee in good spirits championship 2위

Contact
아르코 로스팅 컴퍼니(Arco Roasting Company)
Address : 서울시 성동구 옥수동 392, B101
Tel : 02 2293 3889

드렁큰 오렌지는 어떤 메뉴인가요?
베이킹에 사용하는 소스에서 모티브를 얻어 활용해 만든 메뉴예요. 도수가 높은 술을 부담 없이 즐길 수 있고, 커피의 특징과 리큐르의 특징을 잘 살려 밸런스를 맞춘 음료입니다.

재료를 고를 때 염두에 두는 점은 무엇인가요?
사용하는 재료들의 특징을 살리면서 그 특징들이 조화를 이루는가를 중요하게 생각합니다.

이 메뉴는 어떤 사람에게 추천해주고 싶나요?
커피칵테일을 맛본 경험이 없는 사람이라면 부담 없이 마실 수 있는 드렁큰 오렌지를 추천하고 싶어요. 아마 커피와 알코올의 훌륭한 궁합에 반할 거예요.

메뉴를 창작할 때는 어떤 과정을 거치나요?
사용할 커피를 먼저 정하고 재료를 구상합니다. 드렁큰 오렌지에 사용했던 커피는 에티오피아 아리차 내추럴이고, 이와 어울리는 재료로 감귤류의 뉘앙스를 받쳐줄 수 있는 오렌지를 사용했습니다. 말리부는 강한 산미를 뒷받침해줄 수 있는 단맛을 표현하는 데 쓰였고요.

카페를 창업하려는 이들에게 해주고 싶은 조언이 있다면
메뉴 수를 늘리기보다는 매장만의 특색을 살릴 수 있는 소수의 메뉴를 강조했으면 좋겠습니다.

아르코 커피 로스팅은 어떤 회사인가요?
'아르코(Arco)'는 휴식이라는 뜻으로 커피를 대하는 모든 이가 평온한 휴식을 취할 수 있으면 하는 의미를 담고 있습니다. 일반 매장들을 대상으로 커피를 납품하고 다양한 커리큘럼의 커피 교육을 진행하고 있어요. 대표 블렌딩으로는 블랙슈가 블렌드와 그레이캣 블렌드가 있습니다.

Signature Recipe ● 시그니처 레시피

● 드렁큰 오렌지(Drunken Orange)

재료
무염버터 30g
설탕 10g
그랑마니에 35g
(소스용 30g, 나머지 5g)
오렌지 1/2
말리부 5g
에스프레소 1샷

1 팬에 무염버터 30g과 설탕 10g을 녹인다.

2 설탕이 녹으면 그랑마니에 30ml를 넣고 불을 붙인다.

3 불이 어느 정도 줄어들면 오렌지 반 개 분량의 즙을 넣고 저어 소스를 완성한다.

4 잔(위스키 테이스팅 잔)에 3의 소스 5g, 그랑마니에 5g, 말리부 5g, 에스프레소 1샷을 차례로 넣어준다.

사단법인 한국커피협회

2005년 한국커피교육협의회로 출범하여 2011년 11월 대한민국 정부의 정식 허가를 취득하고 사단법인 한국커피협회(KCA)로 발전하였다. 바리스타 자격시험 제도를 필두로 다양한 커피 교육 인증 제도를 시행함으로써 국내 커피 산업의 발전을 선도하고 글로벌 커피 시장의 새로운 패러다임을 제시하며 대한민국 커피 산업의 위상을 높이고 있다.

사단법인 한국커피협회는 커피 관련 산업체에서 필요로 하는 우수 인재 양성을 위한 장학사업 및 커피 생산국과의 교류를 통해 보다 수준 높고 실질적인 교육 프로그램을 제시하고 개발하여 사회에 공헌하고자 한다.

CAFE MENU RECIPE STANDARD
한국커피협회에서 알려주는 카페 메뉴 스탠다드 레시피

초판 1쇄 발행 2016년 4월 5일
초판 3쇄 발행 2021년 5월 10일

지은이 (사)한국커피협회
펴낸이 강창범
펴낸곳 (주)커피투데이

출판등록 제2012-16호
주소 경기도 평택시 중앙2로 154-1
물류센터 070-7520-2114
홈페이지 www.coffeetoday.kr
전자우편 coffee2day@daum.net

가격 22,000원
ISBN 979-11-86627-04-4

이 책은 저작권법에 따라 보호를 받는 저작물이므로 무단 전재와 복제를 금합니다. 이 책은 (사)한국커피협회와 (주)커피투데이의 독점계약으로 출간되었으므로 내용의 전부 또는 일부를 이용하려면 반드시 (사)한국커피협회와 (주)커피투데이의 서면 동의를 받아야 합니다.